ADAUTO FELISÁRIO MUNHOZ

Vida de São Sebastião

Orações, ladainha e novena

Direção Editorial:	Pe. Fábio Evaristo R. Silva, C.Ss.R.
Coordenação Editorial:	Ana Lúcia de Castro Leite
Copidesque:	Bruna Vieira da Silva
Revisão:	Luana Galvão
	Sofia Machado
Diagramação e Capa:	Mauricio Pereira

Dados Internacionais de Catalogação na Publicação (CIP)
(Câmara Brasileira do Livro, SP, Brasil)

Munhoz, Adauto Felisário
    Vida de São Sebastião: orações, ladainha e novena / Adauto Felisário Munhoz. – Aparecida, SP: Editora Santuário, 2018.

    ISBN 978-85-369-0553-2
    ISBN 978-65-5527-123-2 (e-book)

    1. Novenas 2. Santos cristãos – Biografia 3. Sebastião, Santo, século III I. Título.

18-19070   CDD-
282.092

Índices para catálogo sistemático:

1. Santos: Igreja Católica: Biografia e obra 282.092
Cibele Maria Dias – Bibliotecária – CRB-8/9427

2ª impressão

Todos os direitos reservados à **EDITORA SANTUÁRIO** – 2023

Rua Pe. Claro Monteiro, 342 – 12570-045 – Aparecida-SP
Tel.: 12 3104-2000 – Televendas: 0800 - 0 16 00 04
www.editorasantuario.com.br
vendas@editorasantuario.com.br

Apresentação

A santidade é algo misterioso entre Deus e a pessoa que se propõe a ter uma vida pautada no Evangelho de Jesus Cristo. Ela torna-se santa quando toma posse da graça divina, que transforma seu interior, tornando-a íntima de Deus. Segundo São Tomás de Aquino, a graça é "certa amizade com Deus". Às vezes, as pessoas têm dificuldades para entender o que é um santo, que, mesmo vivendo na terra entre seus irmãos, já atingiu a plenitude dos bem-aventurados, pois levou a sério aquilo que Jesus Cristo ordenou: "Sede, portanto, perfeitos como vosso Pai celeste" (Mt 5,48). Santo é aquela pessoa que decide pelo bem e acaba se transformando em um anjo ainda em vida, tornando-se luz do amor e da misericórdia de Deus no meio dos homens.

Santo dos primeiros séculos da Igreja, São Sebastião é um dos mais conhecidos e queridos no mundo todo.

A devoção a São Sebastião chegou ao Brasil pelos portugueses e foi espalhada por todos os cantos do nosso país.

Tendo vivido no século terceiro durante as terríveis perseguições desfechadas por Diocleciano, Imperador de Roma, São Sebastião soube testemunhar sua fé morrendo, corajosamente, por Jesus Cristo. Amou a Igreja e foi fiel a ela e a todos os seus ensinamentos. Até os dias de hoje, seu exemplo serve de força e alento quando enfrentamos um mundo repleto de ideologias pagãs que denigrem a dignidade do ser humano. São Sebastião continua sendo uma referência, tal como uma seta no caminho da nossa vida, direcionando-nos para Cristo. Morreu jovem, mas viveu coerentemente sua vida terrena. Um santo muito querido e amado no Brasil. São inúmeras as cidades com seu nome, inúmeras também são as igrejas erigidas em sua honra e incalculável o número de cidades onde é o Padroeiro oficial. Amado, invocado e reverenciado, São Sebastião é um dos santos mais populares do nosso país. Amigo da juventude e com um coração complacente, acolhe as pessoas de todas as idades que buscam sua proteção e intercessão. Um santo do povo. Do povo que o ama e lhe tem grande respeito e carinho. É nosso grande intercessor no céu junto ao trono de Deus.

Desde menino, sempre vi quadros e imagens de São Sebastião, todo flechado, mas, em minha paróquia, há uma imagem tão perfeita que parece até que ele está vivo e vai falar. E, buscando conhecer a fundo sua vida, apesar do material escasso que há, não tive como não ficar devoto e admirador de São Sebastião. É um santo fantástico! Bem jovem, morreu aos 30 anos, mas teve uma vida intensa no seio de uma Igreja perseguida e combatida. Ele é o modelo perfeito do leigo engajado; esteve a serviço do Reino de Deus até os últimos minutos de sua breve existência. Gostaria imensamente que, mais que a imagem do santo cravejado de flechas, os cristãos pudessem, tal como eu, descobrir a grande pessoa humana e o grande santo que foi e é São Sebastião, o grande "Guerreiro de Deus". Nosso grande guerreiro e protetor contra o mal.

Este livro é dedicado todos os devotos de São Sebastião, que buscam em seus exemplos viver com coragem e perseverança a sua fé em Jesus Cristo, lembrando sempre que São Sebastião foi uma pessoa de oração, que teve grande amor e devoção por Jesus Cristo na Eucaristia e por seus ensinamentos evangélicos.

Adauto Felisário Munhoz, OP

I

São Sebastião:
história e devoção

A TERRA NATAL E A INFÂNCIA

São Sebastião nasceu na cidade de Narbona (Narbonne), na França, no ano 256. Muitos pensam que São Sebastião era milanês, mas em diversos relatos antigos é afirmado que ele era francês. Narbona é uma belíssima cidade no sudoeste da França, a 849 km de Paris, na região de Occitânia. Mas, Sebastião pouco desfrutou das belezas da cidade que o viu nascer, pois, ainda menino, mudou-se com seus pais para Milão, na Itália, terra natal de sua mãe. Há controvérsias quanto à origem de seu pai, se era francês ou italiano; mas as evidências mostram que ele era milanês, como sua esposa, tendo também feito carreira militar no exército romano. Nascido em um lar cristão, Sebastião foi educado por seus pais na fé católica. Vendo os exemplos de sua mãe na prática da caridade, desde pequeno teve um coração generoso para com os menos favorecidos. Quando um necessitado batia à porta de sua casa, mendigando algo para comer, era o pequeno Sebastião quem corria, a fim de avisar a mãe para não deixar aquela pessoa sair dali de mãos vazias, sem levar consigo uma esmola generosa. Ao menos um pão sempre havia para ser oferecido. Mais que o bem material, a forma caridosa e atenciosa com que um mendigo era tratado pela mãe e pelo filho acalentava, no coração daquela pessoa, a esperança e alegria da generosidade. E assim cresceu o pequeno Sebastião, cercado dos bons exemplos de sua família. Sua mãe foi sua primeira instrutora religiosa, mestra na fé e na prática das virtudes cristãs. Seguiu à risca os ensinamentos bíblicos do livro de Provérbios, 22,6: "Acostuma o jovem no caminho que deve seguir, e nem mesmo quando velho se afastará dele". E foram os ensinamentos recebidos na família que o nortearam pela vida toda. Sebastião significa "Sagrado", "Venerável", "Reverenciado". Ele passou sua infância, adolescência e parte da juventude em Milão, onde realizou seus estudos, tendo uma excelente formação acadêmica, até seguir os passos de seu pai na carreira militar.

A JUVENTUDE E A CARREIRA MILITAR

Em um relato muito antigo de Santo Ambrósio, bispo de Milão e "Doutor da Igreja", São Sebastião era um jovem de personalidade alegre. No entanto, vendo os horrores que os cristãos sofriam nas mãos do Imperador Diocleciano, Sebastião pediu permissão aos seus pais para alistar-se no exército imperial, para que, dessa forma, pudesse ter oportunidade e meios de aliviar os sofrimentos de seus irmãos em Cristo, que eram perseguidos e presos, lotando as prisões de Roma. Submetendo-se a todas as disciplinas exigidas em sua formação, tornou-se um soldado da Guarda Imperial do Imperador Diocleciano. Cumprindo todas as suas atividades militares, tornou-se um soldado exemplar. Por uma intervenção especial de Deus, nunca foi chamado a praticar sacrifícios aos deuses pagãos. Dessa forma, convivendo com o exército, nunca ninguém suspeitou de que o soldado Sebastião pertencesse ao grande número de seguidores da religião de Jesus Cristo, espalhados e perseguidos por todo o Império Romano.

De inteligência brilhante, excelente formação acadêmica, prudente e de atitudes firmes, porém ponderadas, Sebastião tinha ainda a seu favor o belo porte e se comportava com muita elegância marcial. Tinha sensatez e capacidade de julgar, além de coragem e bravura inerente a um verdadeiro militar. Seus predicados agradaram tanto ao Imperador que, quando faleceu o capitão da Guarda Militar, ele não teve dúvida em nomear o soldado Sebastião para esse alto cargo.

Vivendo em uma cidade, na qual o pecado aflorava de forma absurda e o paganismo se apresentava pleno de promiscuidade e lascividade, e até o glutanismo se fazia presente nos comensais, os cristãos, ao contrário, traçaram um paradigma de trilhar o caminho da santidade por meio das pegadas dos apóstolos do Senhor. Sebastião, como tantos outros cristãos, também trilhava o caminho da santidade. Jovem, bonito e bem-apessoado, se quisesse, faria enorme sucesso na vida amorosa; mas seu coração e sua vida há muito estavam consagrados a Jesus Cristo e a serviço dos irmãos indefesos, doentes e necessitados. Parte de seu salário destinava a socorrer os pobres. Fiel ao papa e aos presbíteros, amou a Igreja e, sempre fiel a ela, progrediu e se elevou em sua vida espiritual. Em seu tempo, Sebastião foi o modelo perfeito do jovem leigo missionário.

CAPITÃO DA GUARDA IMPERIAL

Nomeado como o novo Capitão-Comandante da Guarda Real, Sebastião passou a ter muitos privilégios e, também, o respeito de seus subordinados, além de ter todas as portas abertas para si, tornando-se, dessa forma, o braço direito do Imperador Diocleciano. Por sua postura séria, ética e coerente, Sebastião passou a ser admirado por seus companheiros de farda, que lhe devotavam grande respeito, a ponto de temê-lo pela sua grande proximidade com o Imperador. Usando seus privilégios de ir e vir aonde quisesse, teve a oportunidade de, inúmeras vezes, visitar os cristãos nas prisões e encorajá-los a não perderem a fé, para que tudo suportassem e sofressem por amor a Jesus Cristo. Dessa forma, Sebastião tornou-se um anjo da bondade entre os cristãos aprisionados, levando a eles, constantemente, palavras de conforto e esperança. Com a desculpa de uma inspeção nos presídios para averiguações pessoais a respeito dos prisioneiros, Sebastião aproveitava da ocasião para rezar com seus irmãos e falar-lhes do amor de Jesus Cristo pela humanidade. Muitas vezes, veio-lhe à mente o desejo de estar ali com seus irmãos de fé e associar-se a eles no martírio pela fé em Cristo, mas entendia que não podia deixar-se descobrir, pois essa era forma, galgando tão alto posto, que podia ajudar e favorecer a muitos para que não caíssem na prisão e pudessem continuar espargindo a fé por meio do Evangelho. E foi desta forma, usando do cargo e das honrarias das quais estava investido, que Sebastião, ocultamente, realizou importantes serviços à Igreja de Cristo, como um verdadeiro missionário e servidor da Palavra de Deus.

DOIS IRMÃOS ENCARCERADOS

Certa tarde, Sebastião caminhava por uma das ruas de Roma, quando encontrou com seu companheiro de farda, que também era cristão. Em conversa, seu amigo relatou o caso de dois irmãos, de linhagem nobre e abastada, cujos nomes eram Marco e Marcelino, que haviam sido encarcerados por serem cristãos. Foram torturados e tudo suportaram com bravura e heroísmo. Os irmãos, resignados com sua sina, já se punham a acostumar com a ideia do martírio e de que o consolo era morrer testemunhando a fé em Cristo. E assim permaneciam assíduos na oração porque, se nos momentos de alegria a oração faz um enorme bem, muito mais se faz nos momentos difíceis dos arreveses da vida. Ela conforta, inspira e alimenta a alma, dando coragem para enfrentar as dificuldades. E, comportando-se como dois futuros mártires, Marcelino e

Marcos tiveram a inesperada surpresa de receberem, ali na prisão, a visita de seus pais, de suas esposas e de seus filhos. Tanto seus pais como os demais membros da família eram pagãos.

Vendo os filhos atrás das grades, grande comoção tomou conta da família, e o pai, com toda a sua autoridade, censurou os filhos:

– Por que fizeram isso meus filhos? Abraçaram uma fé diferente da nossa, afrontando o Imperador, e agora vejam em que situação vocês se encontram. Por ventura, esqueceram-se de seus filhos e de suas esposas? Eles choram de tristeza por medo de perderem os pais.

Vendo a tristeza estampada no rosto dos filhos, Marcos, o mais velho entre os dois irmãos, respondeu com brandura:

– Querido pai, se temos mesmo que morrer e se não há outro meio disso ser evitado, que nosso sacrifício não seja em vão, pois morreremos, então, pela nossa fé. Como patriarca da nossa família, cuide de nossos filhos e de nossas esposas.

Enquanto os filhos e as esposas redobravam suas lágrimas, os irmãos, emocionados, caíram em pranto e começaram a vacilar, não encontrando mais forças para resistir ao desespero dos filhos. Ao passo disso, o velho pai, temendo a perda dos filhos, implorou:

– O que custa meus filhos oferecerem um pouco de incenso aos deuses do império? Tantas vezes vocês, fizeram isso antes de abraçar a fé cristã. Reflitam bem enquanto irei ter com o governador Cromácio, pedindo a ele para adiar a execução de vocês, pelo intervalo de trinta dias, tempo suficiente para vocês pensarem e mudarem de opinião.

CAPITÃO SEBASTIÃO, LEGIONÁRIO DE CRISTO

Quando tomou conhecimento do fato ocorrido entre Marcos e Marcelino, o capitão Sebastião, imediatamente, foi ao encontro dos dois seguidores de Cristo. Ao receber sua visita na cela, os irmãos, emocionados, encheram-se de esperança. Sebastião os encorajou a ter paciência e confiança, pediu que permanecessem firmes na fé, assíduos na oração, que não demonstrassem medo e fossem confiantes no Senhor. Em poucos dias, com sua forma perspicaz de agir e falar, Sebastião converteu ao Cristianismo Nicóstrato, ilustre escrivão do tribunal de Roma, e Cláudio, o carcereiro. Ainda naquele momento de sua visita à prisão, converteu muitos presos e, o mais admirável: conseguiu a conversão de toda a família de Marcos e Marcelino.

Um fato miraculoso nos relatou Santo Ambrósio a respeito desse momento de conversões realizadas pelo soldado Sebastião. Enquanto ele falava a Marcos e Marcelino sobre Jesus Cristo e sua missão salvífica, com palavras de zelo, caridade e confiança, uma luz resplandecente iluminou um dos cômodos da casa de Nicóstrato, onde os irmãos prisioneiros eram mantidos à custa de certa fiança. Todos os presentes ficaram atônitos, mas tomados de muita alegria. No centro dessa luz fulgurante, apareceu Jesus Cristo, tendo junto de si sete anjos. Jesus, aproximando-se de Sebastião, deu-lhe o ósculo da paz, confirmando que sempre estaria com ele em todas as situações.

Zoé, a esposa do escriturário Nicóstrato, alto funcionário do governo imperial, por seis anos se encontrava totalmente muda. Tendo presenciado tão privilegiada visão, ajoelhou-se diante de Sebastião e fez sinal para que ele a curasse. Sebastião traçou o sinal da cruz em sua fronte, e, no mesmo instante, sua língua despregou-se e ela começou a falar, louvando e rendendo graças a Deus por tamanha misericórdia. Nesse dia, na casa de Nicóstrato, todos os presentes foram batizados pelas mãos do sacerdote Policarpo.

O PREFEITO DE ROMA SE CONVERTE AO CRISTIANISMO

Entre os grandes feitos prodigiosos de Sebastião, está aquele que parecia ser o mais impossível de todos. Com certeza o jovem soldado vivia na imanência divina porque tinha o dom da palavra e da persuasão. Quem o ouvia falar de Cristo acabava se convertendo. Tanto era a sua convicção e seu testemunho de fé que, mesmo o coração mais endurecido, acabava cedendo. E foi isso que aconteceu. Cromácio, que fora advogado e tinha já exercido a função de juiz, era agora o prefeito de Roma e se converteu ao cristianismo, mediante a pregação de Sebastião. Não podemos duvidar de que o jovem soldado tinha mesmo o dom da palavra e era um grande pregador do Evangelho.

No findar do prazo dado a Marcos e Marcelino, para saber se iriam ou não queimar incenso aos deuses pagãos, Cromácio mandou chamar Tarquilino, o pai dos irmãos, para saber qual decisão haviam tomado.

– Então, Tarquilino, o que decidiram? Irão queimar incenso aos nossos deuses?

– Queimar incenso aos deuses pagãos? – Respondeu Tarquilino.

– Sim! É o que acabei de lhe perguntar. – Falou Cromácio.

– Não! Jamais farão isso! Meus filhos são seguidores de Jesus Cristo e eu também sou. Desde o momento que Deus abriu os meus olhos e tocou a minha alma para conhecer o Cristianismo, eu conheci a verdade, e ela me libertou. No Cristianismo há santidade e fora dele não há salvação. Eu, Tarquilino, declaro-me cristão! Jesus Cristo é o meu Deus único e verdadeiro.

– Está louco, Tarquilino? Não acredito no que acabei de ouvir.

– Louco? Loucos são vocês que adoram esses deuses mitológicos, ídolos inventados que não existem e nunca existiram. Louco estava eu quando fazia esse ritual todo, iludindo-me e acreditando em deuses que nem história têm. O Deus dos cristãos tem história, falava com o povo hebreu no Antigo Testamento por intermédio dos profetas. Mandou seu filho Jesus Cristo à terra para resgatar a humanidade pecadora. Sebastião me explicou tudo, e eu aceitei Jesus como meu Senhor.

– Será capaz de me provar tudo isso que está falando, Tarquilino? – Perguntou Cromácio.

– Sim! Mas em um acordo de que conceda o que Sebastião e eu lhe falarmos.

Tarquilino e Sebastião falaram tudo sobre o Cristianismo e se inflamaram ao falarem da pessoa de Jesus Cristo de tal forma que uma unção vinda do céu tocou o coração de todos os presentes. A pregação foi tão convincente que, ao terminarem de falar, Cromácio era outro homem. Seus olhos abriram-se para a verdade, e ele com toda a sua família abraçaram o Cristianismo, inclusive os seus escravos. Todos foram batizados. Um prodígio ainda estava para acontecer. Cromácio sofria há muito tempo de um reumatismo que lhe causava dores atrozes. No momento em que a água do batismo tocou sua cabeça, a enfermidade desapareceu, e ele ficou totalmente curado.

AS PERSEGUIÇÕES CONTINUAM

Diocleciano continuava a perseguir os cristãos sem dar trégua. Na força do próprio ódio, queria extirpar o Cristianismo do Império Romano e, para isso, não tinha escrúpulo de mandar prendê-los, torturará-los e matá-los. Diante dessa situação de intensa perseguição, Cromácio, que já havia renunciado ao posto de prefeito de Roma, foi aconselhado por Sebastião a retirar-se para sua casa de campo, um tanto distante da capital do Império Romano, local que seria, propriamente, um asilo dos perseguidos.

O papa São Caio, também ciente das atrocidades que se cometiam, aconselhou Sebastião para que também se afastasse de Roma, porque cedo ou tarde acabaria sendo delatado por ser cristão e, infalivelmente, seria preso e torturado. Mas Sebastião, como um homem de fé e coragem, suplicou ao Santo Padre que permitisse que ele permanecesse em Roma, pois essa era a única forma de ele poder fazer alguma coisa pelos cristãos que sofriam nas prisões e nos calabouços. Teria acesso para confortá--los e rezar com eles, fazendo com que, mesmo de forma camuflada, Jesus Eucaristia chegasse até eles. O papa, diante desses argumentos tão convincentes e perante uma situação de medo e horror que apavorava a tantos, chegou a ficar emocionado com a determinação do soldado Sebastião.

– Se é este o seu desejo, então fique, meu filho! Mas saiba que o campo de batalha que você tem pela frente é grande e nada fácil. Tem obstáculos por todos os lados e pedras no seu caminho a todo o momento.

– Sei disso, Santo Padre! Mas serei iluminado e conduzido pelo Espírito Santo, que me dará força, coragem e otimismo para enfrentar esta empreitada.

– Sebastião, você tem a minha bênção! Mas façamos assim: aos olhos de todos você é um soldado do Imperador, o capitão da Guarda Imperial. Mas por baixo dessa farda seja um valente guerreiro de Deus, que defende a Igreja e a causa de Cristo.

OUTROS MÁRTIRES TESTEMUNHAM SUA FÉ

A cada dia que passava, Diocleciano se mostrava mais obcecado pela erradicação do cristianismo de seu império e, com um ódio demoníaco, travava as mais violentas perseguições aos cristãos de Roma. Sebastião, com prudência e perspicácia, contornava as situações, usando do privilégio que a farda lhe proporcionava. Entretanto nem sempre era possível evitar uma chacina provocada pelos soldados do império, que pareciam ganhar estima e admiração do Imperador Diocleciano com isso.

Zoé, cristã fervorosa, assídua na oração e caridosa para com os pobres e necessitados, teve sua identidade cristã descoberta, mas mesmo assim não traiu a sua fé e, bravamente, recebeu a coroa do martírio. Foi amarrada pelos pés e levantada para cima, ficando com a cabeça para baixo. Fizeram uma fogueira para que ela morresse asfixiada pela fumaça.

Tarquilino, o piedoso pai de Marcos e Marcelino, costumava ir, diariamente, rezar junto às tumbas dos apóstolos São Pedro e São Paulo. Certa manhã, enquanto rezava, foi surpreendido pela turba de pagãos que o matou, sem piedade.

Enquanto caminhava pela Via Ostiense certa tarde, o sacerdote Félix foi surpreendido pela plebe que, descobrindo sua identidade de cristão, massacrou-o de forma tirana até decapitá-lo sem piedade. Um jovem que vinha caminhando nessa hora, ao ver tamanha carnificina, entrou em desespero e se aproximou chorando diante do cadáver do sacerdote. Indagado se era cristão, ele confessou sua fé e, imediatamente, foi martirizado. Açoitaram tanto seu corpo que chegaram a desfigurar o seu rosto, que ficou irreconhecível, decapitando-o em seguida. À noite, quando os cristãos vieram recolher os dois corpos para sepultá-los no interior das catacumbas, não conseguiram identificar o jovem mártir. Deram-lhe o nome de Adauto, que significa "acrescentado", que se uniu ao sacerdote Félix para receber a coroa do martírio. Venerados desde os tempos mais antigos, supõe-se que São Félix e Santo Adauto eram irmãos de sangue. Tudo isso Sebastião presenciava e, por uma graça especial, era preservado por Deus, pois ninguém descobria sua identidade de cristão.

Nicóstrato não escapou da fúria de Diocleciano e, junto de seu irmão Castor, foi martirizado; também Cláudio e seu filho Sinforiano, depois de tremenda tortura, foram levados ao porto de Óstia e jogados vivos no mar, onde morreram afogados. O filho de Cromácio, o jovem Tibúrcio, foi decapitado. O oficial do Imperador, Cástulo, foi visto como um traidor por ter se tornado cristão e seu castigo foi ser enterrado vivo. Marcos e Marcelino, filhos de Tarquilino, foram cravados em um poste pelos pés e depois mortos por inúmeras flechadas. Santos conhecidos, tal como, Santa Luzia, Santa Inês, São Jorge e os papas Marcelino e Marcelo, foram martirizados por ordem de Diocleciano. Tudo isso era visto por Sebastião com muita tristeza, porém não abalava a sua fé. Buscava ajudar e consolar a todos, mas sabia que um dia poderia ser descoberta a sua condição de seguidor de Cristo, por isso entregava, diariamente, sua vida nas mãos de Deus. Mas Deus, compensando a fé e a coragem de tantos seguidores de seu filho, permitiu que Prisca, esposa de Diocleciano, e sua filha Valéria se tornassem cristãs, tal como muitos oficiais do exército que ocupavam altos cargos e que se converteram ao Cristianismo.

O TRABALHO DO SOLDADO SEBASTIÃO

Em suas visitas diárias e nas confabulações com o Imperador, nem de longe dava para imaginar que o soldado Sebastião, Capitão da Guarda Imperial, era um fervoroso cristão. Nunca ninguém suspeitou de nada. Ele sempre se mostrava um soldado exemplar, correto e cumpridor das suas atividades militares. Prestava conta de seus feitos e expunha seus futuros projetos, que muito agradavam o Imperador pela consideração a ele prestada. Seu trabalho era impecável e servia de referência para outros militares.

Comandando a Guarda Imperial, que se ocupava unicamente de manter a segurança do Imperador, Sebastião ganhou a estima, o respeito e a consideração de Diocleciano, chegando a ser considerado o seu braço direito. Além de funcionário do governo, era também o amigo para conversar nas horas vagas de lazer e entretenimento e, muitas vezes, foi até conselheiro e confidente. Dessa forma amigável e cortês, o Imperador jamais poderia supor que, por debaixo daquela farda de militar, havia um jovem cristão, cujo coração pulsava fervoroso pela causa de Cristo e por sua Igreja. Enquanto alguns queimavam incenso para os deuses pagãos e lhes faziam reverência, Sebastião, por uma graça de Deus, nunca foi observado em relação a isso, nunca o cobraram tal devoção. Nunca foi cobrado de nada, nem se contaminou com a religião mitológica dos pagãos de Roma. Convivendo no meio do paganismo, ninguém pôde desconfiar ou supor que o capitão da Guarda Imperial fosse cristão.

SER AMIGO DE UM SANTO É TORNAR-SE TAMBÉM UM SANTO

Aquele velho ditado é infalível: "Diga-me com quem andas que direi quem tu és". Quando estamos próximos de uma pessoa santa, tendo o privilégio de sua convivência, a tendência é nos tornarmos santos também. Tibúrcio era filho do, já mencionado, Cromácio, ex-prefeito de Roma. Do mesmo modo que a sua família, Tibúrcio também foi convertido por Sebastião. Ele foi o advogado mais culto e eminente de Roma. Após sua conversão, teve em Sebastião não só um amigo, mas também um mestre que o instruiu nos ensinamentos evangélicos e deu a ele algo mais precioso: o testemunho de vida. Sebastião foi para Tibúrcio um verdadeiro irmão e o catequista que o direcionou para o caminho da santidade. Fervoroso e assíduo na oração,

Sebastião mostrava a todos os seus companheiros de fé a importância de orar. No Evangelho de São Lucas, vemos duas belas passagens acerca da oração: "Mas ele (Jesus) se retirava a lugares desertos para rezar" (Lc 5,16). Outra passagem nos leva também à reflexão: "Certa vez, quando Jesus estava orando a sós, não tendo ninguém consigo, senão os discípulos" (Lc 9,18). Vemos nessas duas citações, o exemplo sobre a importância da oração que o próprio Deus nos dá. Desde o início da Igreja, os cristãos, mediante os ensinamentos e exemplos de Cristo, tiveram especial carinho e disciplina na questão da oração diária. Era nesse quesito de fé e oração que Sebastião sempre se inseria, e seu exemplo era imitado por seus amigos e irmãos no Senhor. Tibúrcio vivia sua caminhada de forma coerente, a ponto de nunca desconfiarem de sua condição de cristão. Mas o papa São Caio, temendo pela sua vida, aconselhou-o a se afastar de Roma. Ele, tal e qual seu amigo Sebastião, queria estar no seio da Igreja convivendo com os irmãos, por isso pediu ao Santo Padre que o deixasse permanecer em Roma. Certo dia, passou por uma rua e viu que o corpo gélido de um homem jazia na calçada; ele, pedreiro, caíra do andaime e falecera. A esposa e os filhos choravam ao seu redor. Tibúrcio, movido pela dor daquela família, traçou o sinal da cruz na testa do morto e ordenou-lhe que, em nome de Jesus Cristo ressuscitado, levantasse e andasse. O morto levantou-se, e Tibúrcio o entregou à família. Isso só fazia crescer a fé e as conversões em Cristo. Tibúrcio não tardou de ser descoberto por ser cristão, por meio de um traidor que o delatou; acabou sendo preso e levado para fora da cidade, onde foi decapitado. Seu corpo foi sepultado pelos cristãos, e sua sepultura se tornou lugar de veneração e, também, local onde aconteceram inúmeros milagres. São Tibúrcio é celebrado no dia 11 de agosto. Sebastião, com seu testemunho de vida, sua determinação e seus conselhos, teve papel importante na santidade de São Tibúrcio e de outros santos mártires de sua época.

UM DELATOR MATREIRO ENTRA EM CENA

Após a renúncia de Cromácio ao cargo de prefeito de Roma, sucedeu-lhe na prefeitura um tal Fabiano, cuja índole não era nada edificante. Indisciplinado, matreiro e corrupto, era ainda um pagão fanático que, para ganhar méritos, privilégios e agradar o Imperador, não tinha escrúpulos de praticar os mais bárbaros crimes.

Certa vez, Fabiano foi procurado por um indivíduo de mau-caráter que, sabendo a identidade secreta de cristão do soldado Sebastião e achando que pudesse ganhar uma recompensa financeira, foi delatar Sebastião. Contou que Sebastião não só era cristão como também havia convertido inúmeras pessoas para o Cristianismo. Chegou mesmo a citar os nomes dos mais conhecidos, tal como Tarquilino e seus filhos Marco e Marcelino; Siforiano, Nicóstrato, Tibúrcio, Cláudio, Castor e inúmeros soldados da guarda imperial.

Fabiano, no entanto, desconfiou que o delator era um tremendo mau-caráter que estava a fim de levar alguma vantagem com a tal delação. O prefeito pensou bem e não topou com a cara do tal sujeito e, pelas palavras e atitudes, entendeu bem do que se tratava.

– Não gosto de traidores. Todo delator é um bandido que quer levar vantagens entregando uns aos outros. É um criminoso e culpado tanto quanto aquele que ele entrega. Se ficou calado durante tanto tempo, foi conivente com o crime. Não acredito em nenhuma palavra dita por você. É um malandro que está a fim de levar vantagem em algo. Conheço muito bem o soldado Sebastião, jamais eu macularia sua imagem e seu caráter acreditando em um tipo como você. É certo que nunca vi o nosso comandante sacrificar aos deuses, mas, por outro lado, ele é muito ocupado e não tem quase tempo para nada. Com certeza não teve oportunidade de fazê-lo.

– Ele jamais o faria, é cristão! Sei disso porque fui cristão, mas me arrependi em tempo e voltei a adorar os deuses do Império e me sacrificar por eles.

– O que é na verdade? Um falso? Um hipócrita? Por que veio aqui fazer acusações contra o capitão Sebastião, que é um homem honrado e valorizado pelo Imperador?

– Porque no momento estou precisando de dinheiro, de muito dinheiro, e espero que, com essa acusação, recompense-me com uma boa soma, porque essa notícia com certeza lhe valerá a pena; poderá tirar proveito dela junto do Imperador. É uma boa denúncia!

– Você é um oportunista e ganancioso! Vive dando golpes para tirar proveito disso. Bem percebi já na hora que começou a falar. – Vociferou o prefeito.

– Então, chame o capitão Sebastião e pergunte a ele se é ou não cristão.

– Apesar de que nenhum delator merece crédito, sempre mentem para se safarem de algo ou para se darem bem, mesmo assim, vou mandar averiguar sua acusação. Entretanto saiba de uma coisa: já que vive atrás de ser recompensado pelas suas delações, se a sua acusação for falsa, receberá duzentas chibatadas como recompensa. Quanto ao dinheiro pela delação, não receberá nenhum só centavo, pois não gosto de pessoas falsas que vivem entregando os outros para se darem bem. – Falou o prefeito.

– O Capitão Sebastião é cristão! Pode acreditar em mim, ele é cristão, eu sei disso. – Falou o traidor.

– Retire-se daqui! Não quero mais vê-lo. – Concluiu o prefeito.

Por não ter tido êxito em seus intentos, o delator saiu blasfemando e espumando de raiva.

O PREFEITO SE ENCHE DE ESCRÚPULO

A pessoa maldosa sempre acaba semeando discórdia e confusão por onde passa; com o delator não foi diferente, deixou na cabeça do prefeito dúvida e escrúpulo. O prefeito Fabiano ficou confuso, se devia ou não se aprofundar nessa questão, mas havia um grande problema: Sebastião era comandante da Guarda Imperial e, também, amigo do Imperador. E se a acusação fosse falsa, apenas uma especulação do delator matreiro que usou desse argumento para lhe extorquir dinheiro? Afinal, se ele se envolvesse em um caso tão delicado, poderia lhe custar caro, inclusive perder o cargo de prefeito de Roma, que lhe dava dinheiro e prestígio no meio do povo. Diocleciano poderia ficar bravo e irritado com ele. Além disso, não ficava bem para um prefeito de uma cidade tão importante se meter em fofoca; poderia ser chamado até de futriqueiro. Mas, se fosse verdade, não era justo que o Imperador tivesse um traidor no comando de sua guarda real. O mais coerente, pensou ele, seria narrar exatamente o que aconteceu: que certo indivíduo o havia procurado e feito tal denúncia, mas que ele próprio não acreditava em tamanho disparate. Afinal, tal acusação tinha partido de um renegado, interesseiro e mau-caráter. Assim, tentando se desvencilhar do fato, relatou tudo ao Imperador que foi pronto em lhe responder:

– Eu não acredito em nenhuma só palavra do que me acabou de relatar. É falsa essa acusação! E, se fosse verdade, seria algo grave ter ao meu lado um traidor que não adora os nossos deuses romanos. Contudo, para desencargo de consciência, mandarei chamar o comandante Sebastião e o interrogarei. A denúncia é séria, pois é contra um homem que ocupa um alto cargo no meu governo. Se for mentira, mandarei matar esse miserável delator.

SEBASTIÃO SE APRESENTA A DIOCLECIANO

Recebendo ordem de que o Imperador desejava falar-lhe, Sebastião se apresentou ao monarca imediatamente. Diocleciano foi cauteloso na sua conversa, pois tinha grande respeito e consideração ao seu comandante.

– Sebastião, falam por aí que você é cristão. Isso tem fundamento ou tudo não passa de boatos e especulações?

– Vossa Majestade, nunca me fez tal pergunta, nunca entrei em detalhes. Como sou um homem íntegro, e assim pretendo continuar, posso e devo lhe afirmar que sou cristão.

– Será que entendi e ouvi bem? Está falando sério? O comandante da guarda imperial, que sempre esteve próximo de mim, é um cristão?

– Sim, majestade! Pelo grande respeito que lhe tenho jamais lhe mentiria. Eu sou cristão!

– Tem consciência do que está afirmando? Você me enganou esse tempo todo?

– Não majestade, não lhe enganei! Apenas nunca me perguntou sobre minha religião.

– Um ingrato! Isso é o que você é diante de tanta confiança que lhe depositei. Cometi um crime bárbaro ao admitir entre meus soldados um traidor que segue o Cristianismo, uma religião tão nefasta e perigosa. Por ter feito isso, atraí sobre mim a ira dos deuses sobre todo o meu vasto império. – Falou Diocleciano em tom de raiva e desejo de vingança.

– Engana-se, majestade! – Falou Sebastião. – Não teria eu realizado tantos trabalhos dignos ao Imperador e ao seu vasto Império Romano se não fosse a minha fé e determinação em adorar o Deus único e verdadeiro. Sempre cumpri os meus deveres procurando ser um fiel militar nas minhas funções. O fato de ser cristão e adorar a Jesus Cristo em nada impede de eu bem realizar o meu trabalho.

– Você me traiu, Sebastião!

– Nunca lhe traí, majestade, e nunca o faria. Sei o quanto lhe é agradável ter todos os seus súditos sacrificando e adorando os deuses do império, mas eu não posso fazer isso. Só adoro o Deus verdadeiro. – Concluiu Sebastião.

– Cale-se! – Vociferou Diocleciano. – Um soldado cristão no meu palácio... Guardas, a partir deste momento, Sebastião não faz mais parte da Guarda Imperial nem é mais o seu comandante. Tirem-lhe o distintivo de comandante da Guarda Real e prendam-no imediatamente.

A raiva de Diocleciano era de vingança, de ódio, de alguém que se sentia traído.

PRESO E DESPOJADO

Sem nenhum julgamento justo, ao menos em gratidão e reconhecimento por tantos serviços prestados ao império, Sebastião foi sentenciado com pena de morte. Ávidos de vingança, porque isso agradava ao Imperador, os soldados não perderam tempo e, imediatamente, despojaram Sebastião de sua farda militar, arrancando-lhe o distintivo de comandante e o levando para fora da cidade. Apesar de ter sido um comandante temente a Deus e nunca ter abusado do poder e da posição que ocupava, os soldados, seus ex-subalternos, não perderam a oportunidade de tirarem uma desforra, humilhando-o com palavras de zombaria. Mas Sebastião escutou tudo calado, como convém a alguém que tem princípios e não se iguala aos indivíduos sem ética. Levaram-no meio arrastado para fora da cidade, em um local ermo, onde puderam atá-lo sem que ninguém soubesse.

Talvez para zombarem de Sebastião, que era seguidor de Jesus Cristo, que morreu nu no madeiro de uma cruz, quiseram dar-lhe um tratamento semelhante. Chegando ao local do martírio, tiraram-lhe as vestes e o amarraram a uma árvore. Queriam ter certeza de que seria alvejado até o sangue jorrar pelo corpo todo. Os arqueiros do rei, convocados para esse feito, a certa distância, desfecharam uma sequência de flechas sobre seu corpo que, atingido, imediatamente começou a sangrar. De início, ouviu-se apenas seus gemidos pela dor sentida, porém, sem murmurar nada. Em seguida, ficou em silêncio, desfalecido. Julgando-o morto, todos se retiraram com a sensação de dever cumprido, acreditando que os abutres se encarregariam do resto.

Os soldados caminharam para o palácio real para dar satisfações ao Imperador acerca da empreitada cumprida. Riam durante o caminho sem nenhum escrúpulo; faziam chacota de Sebastião por ter tido tão alto cargo, dado ordem a eles tantas vezes e, agora, jazia lá sozinho, morto e amarrado a uma árvore. Logo seria comida para os abutres.

Diante do Imperador, os soldados relataram todo o fato ocorrido e que tudo foi feito conforme o desejo de Diocleciano. Mas o Imperador era minucioso e não deixou de fazer perguntas.

– Vocês têm certeza de que ele está morto mesmo?

– Sim, majestade! Nós o amarramos a uma árvore e o flechamos. Seu corpo teve muitas perfurações, jorrou muito sangue; ele gemeu muito, depois, fechou os olhos e ficou em silêncio. Estava morto. – Comentou um dos soldados.

– Ele disse algo? – Perguntou Diocleciano.

– Calado, ele suportou tudo sem reagir; apenas balbuciou, em voz baixa, a frase: Jesus Cristo é meu Deus e meu Senhor!

– Não é possível! Esses cristãos não se emendam mesmo, até em uma hora trágica de morte ficam proferindo palavras de louvores a esse tal Cristo. – Gritou o raivoso Imperador. – Estão dispensados, guardas! Fizeram bom serviço. Estamos livres, para sempre, de Sebastião.

SALVO PELA GENEROSIDADE DE UMA SANTA MULHER

Entre os cristãos de Roma, havia uma conexão enorme de fraternidade, e todas as notícias e todos os acontecimentos chegavam rapidamente a eles. Ficavam ao longe escondidos, para depois recolherem os corpos dos mártires para serem sepultados nas catacumbas.

Ao fundo, entre as colinas de Roma, o sol, que durante o dia se mostrara quente e fervilhante, principiava a desaparecer, formando no horizonte o arrebol; enquanto a noite veio caindo lentamente, e, na região campestre, tudo se tornou silêncio, apenas cortado pelo estridular dos grilos e o ruído de certas aves noturnas. No mais, tudo permanecia em silêncio, dando uma sensação de imensa tristeza naquele início de noite.

Vinda por uma trilha difícil no fundo do vale, para não despertar nenhuma suspeita, Irene, esposa do mártir São

Castulo, com um pequeno grupo de criados, que também eram cristãos, pegaram o corpo do soldado Sebastião para o sepultarem nas catacumbas. Já em noite alta chegaram, pé ante pé, para se certificarem de que não havia nenhum guarda do Imperador escondido nas redondezas vigiando o cadáver e o local. Mas, ao se aproximar do corpo, que jazia preso na árvore, Irene notou que Sebastião ainda respirava. Então ordenou que o desamarrassem rapidamente com cuidado. Os empregados livraram o corpo de Sebastião das inúmeras flechas, envolveram-no em panos e o levaram embora dentro de uma rede. Com o carinho e o desvelo de uma mãe, Irene cuidou de Sebastião tal como um filho, tratando e curando as feridas provocadas pelas flechas. Com autoridade materna, obrigou Sebastião a um sério repouso, com uma alimentação para restabelecer suas forças. Durante as muitas semanas que passou sob os cuidados de Irene, santa mulher, Sebastião pôde, com os demais irmãos, rezar e falar de Jesus Cristo e de seus ensinamentos evangélicos. Apesar das insistências de Irene para que ficasse mais tempo em repouso, assim agindo porque ela temia pela vida de Sebastião, ele decidiu ir para Roma e continuar sua missão junto aos irmãos cristãos. Essa piedosa senhora, mais tarde, foi canonizada pela Igreja como Santa Irene.

LEIGO ENGAJADO NA MISSÃO DA IGREJA

Recuperado e cheio de vigor, Sebastião foi aconselhado a ficar por ali. Era bom que os pagãos pensassem que ele tinha morrido realmente, assim ele poderia viver em paz. Aparecer caminhando pelas ruas de Roma só iria lhe trazer problemas e perseguições, novamente, até matarem-no de vez. Apesar de tantos conselhos e advertências, Sebastião teve outra reação. Mesmo tendo, no corpo, as cicatrizes provocadas pelas flechas dos soldados, não se intimidou nem ficou temeroso, calado e acomodado. Agradeceu todos os cuidados recebidos de Irene e de seus empregados, toda estima e consideração e partiu para Roma. Nas catacumbas, sabiam que ele havia sido salvo, mas não esperavam que fosse ter com eles tão cedo diante dos perigos iminentes. Imensa alegria tomou conta de todos com sua presença, os quais glorificaram a Deus em agradecimento. O papa São Caio, com seus cuidados paternos, pediu a Sebastião que tomasse cuidado dali para frente, não se expondo de maneira visível no meio do povo da cidade. Mas Sebastião era corajoso e destemido e nada frustrava suas empreitadas de missionário e pregador da Palavra de Deus. De acordo com suas intensas atividades na Igreja de Roma e por seus conhecimentos e domínio das prisões, é bem provável que, a exemplo de São Tarcísio, o pequeno mártir da Eucaristia, muitas vezes, tenha sido designado pelo Santo Padre Caio a entrar camuflado nas prisões para levar a sagrada comunhão aos cristãos encarcerados à espera do martírio.

Desacomodado pregador da palavra de Deus, quando falava, convertia os corações mais endurecidos para o seguimento de Jesus Cristo. Conforme membro da Igreja de Cristo, Sebastião realizava obras de caridade sempre socorrendo os mais necessitados, levando uma palavra de conforto aos doentes, e também, às crianças, contando a elas as maravilhas de Jesus e o carinho dele por elas. Sem ter medo de contágios, constantemente visitava e protegia os leprosos que viviam em lugares distantes das proximidades da cidade de Roma e orava por eles. Além da fé e da oração, sempre os socorria com alimentos. Por isso, nos dias de hoje, São Sebastião é considerado como santo protetor contra as doenças infecciosas e contagiosas. Ele trabalhou, intensamente, pela expansão do Reino de Deus, mesmo em uma situação difícil de perseguição, tortura e morte. Vivia desacomodado, dando sua vida pela causa de Cristo. Foi um leigo engajado em todos os segmentos pastorais da Igreja. Morreu muito jovem, se tivesse vivido mais tempo em consequência do seu grande amor pela Igreja, com certeza, teria abraçado a vida sacerdotal.

A ÚLTIMA EMPREITADA

Ao invés de fugir e esconder-se, conforme foi aconselhado pelos cristãos, o valente guerreiro de Cristo não se deteve e permaneceu fiel aos objetivos já traçados. Sem medo de nada, dirigiu-se ao palácio do Imperador e ficou à espera de Diocleciano nas escadarias, cujo nome era "Heliogábalo" ou "Mirante do Heliogábalo". Quando o Imperador chegou no meio da escadaria, Sebastião se colocou diante dele. Sabendo que Sebastião estava morto, Diocleciano recuou assustado e horrorizado. Estaria sonhando ou tendo uma visão? O oficial, chefe dos arqueiros, garantiu-lhe que deixaram o soldado morto, flechado na árvore. Seria um fantasma que se apresentava ali diante dele? Tremendo dos pés à cabeça e com a voz trêmula perguntou:

– Que é você? Um espectro ou um homem?

– No tempo certo ficareis sabendo! – Respondeu Sebastião.

– Fale de uma vez, o que é você? – Insistiu Diocleciano.

– Majestade, por que vos deixais iludir e enganar com as mentiras dos pagãos, lacaios e falsos aduladores que, para ganharem prestígio e benefícios de vossa majestade, inventam mentiras e coisas horrendas contra os cristãos? – Indagou Sebastião muito firme e com coragem.

– É você o espectro do capitão da Guarda Imperial? Veio aqui para me assustar e me punir?

Sebastião não respondeu sua pergunta e, sem a menor preocupação ou medo, seguiu com suas palavras:

– Majestade, é bom que saibais que os cristãos não são, de forma alguma, ameaça ou inimigos do vosso império. Pelo contrário, é graças às orações, aos jejuns e às penitências dos cristãos que vós tendes saúde e vosso império prospera cada vez mais. – Concluiu Sebastião.

– Afinal, quem é você que se porta desta forma com tamanho atrevimento em me falar essas coisas?

– Quem vos fala, majestade, é o capitão Sebastião, comandante da vossa Guarda Imperial, que vós mandastes matar. Mas fui salvo por mãos misericordiosas que, acima de tudo, têm amor ao Deus, único e verdadeiro, e ao próximo.

– Não é verdade! Você é um espectro. O ex-comandante da minha Guarda Imperial está morto. O chefe dos arqueiros me garantiu que ele morreu, esvaiu-se em sangue. Ele está morto, jamais viria falar comigo. Mortos não falam! Afaste-se, quero longe de mim, espectro! Isto é uma visão, não é possível, você está morto sim!

– Imperador, escutai-me bem e saibais que para Deus não há nada impossível. Ele é Onipotente e pode tudo.

– Agora reconheço que é mesmo o capitão Sebastião que eu mandei os meus arqueiros matarem.

– Sou eu mesmo, o capitão Sebastião, e vós deveríeis entender que, apesar da forma cruel com que mandou me matar, eu estou aqui, vivo. Então é fácil, vossa majestade, concluir que se eu estou vivo é porque o Deus que eu adoro é poderoso. Renunciai aos falsos deuses do império, eles nem existem mesmo, e convertei-vos para o Deus único e verdadeiro dos cristãos!

– Cale-se! Você não existe, está morto! – Vociferou Diocleciano.

Os romanos eram muito supersticiosos e tinham medo de coisas sobrenaturais, por isso os guardas, que ouviram esse diálogo entre o Imperador e o comandante, que presenciaram o martírio de Sebastião e supuseram que ele estava morto, também se convenceram de que quem falava ali era um fantasma. Por essa razão, fugiram apavorados, quase caindo e tropeçando escada abaixo.

– Ouvi-me, Imperador Diocleciano! O meu Deus e Senhor Jesus Cristo não permitiu que eu morresse e conservou minha vida para vir dar este testemunho, diante do público e dos vossos soldados, contra toda injustiça e crueldade, cometidas, sem escrúpulo e sem piedade, por vossa majestade com os cristãos.

Diocleciano foi tomado de ódio e, encolerizado, começou a bater com raiva a sola dos calçados no chão.

– Guardas, prendam-no! Agora vejo que se trata mesmo do capitão Sebastião. Ele conseguiu escapar da morte e veio aqui me atormentar. Prendam-no. E quero que seja morto da forma mais cruel e violenta possível.

O ódio é um sentimento mau que destrói e corrói quem o cultiva. A raiva dele foi tamanha que, após acabar de dar a ordem de prisão e morte, caiu no chão soltando espuma pela boca.

HERÓI E SANTO, TERMINA SUA VIDA TERRENA

Sebastião foi preso, arrastado para fora do palácio e conduzido para um local conhecido entre os pagãos. Ali eles praticavam atrocidades contra os cristãos; um tipo de circo de horrores. Por ordem de Diocleciano, ele foi morto com pancadas, que só terminaram após a certeza de seu falecimento. Morto e esquartejado, o Imperador mandou que seu corpo fosse atirado em um fosso imundo e fétido, onde caíam todos os dejetos de Roma, conhecido como "Cloaca Máxima", próximo ao Rio Tibre, pois temia que, de posse de seu corpo, os cristãos o venerassem como mártir. Deus não permitiu, e o seu corpo não caiu dentro da fossa, ficou enroscado em uma grade de ferro. São Sebastião apareceu em sonho a uma cristã chamada Lucina, mais tarde canonizada como Santa Luciana, no qual ele contou onde se encontrava seu corpo. Com um grupo de pessoas, ela foi ao local durante a noite e o retirou e sepultou nas catacumbas, no cemitério de Calixto. Seu desejo era que seus restos mortais estivessem nas catacumbas junto às relíquias dos apóstolos. Era o ano 287 d.C. Dessa forma cruel, Sebastião foi para junto de Deus, mas testemunhou sua fé até o último momento de sua vida.

No ano 680, as relíquias de São Sebastião, o grande soldado mártir, foram transladadas para uma basílica construída pelo Imperador Constantino em sua honra. Nessa época, uma epidemia de peste assolava a cidade de Roma e eram muitos os que morriam, diariamente, em consequência dessa doença. Mas um milagre prodigioso aconteceu no momento em que o cortejo que transportava as relíquias do santo passou pelas ruas da cidade. A peste cessou. É por essa razão que, entre tantas intercessões do povo, São Sebastião é invocado como padroeiro contra a peste e todo tipo de epidemias e doenças infecciosas.

As cidades italianas de Milão, no ano 1575, e Lisboa, capital de Portugal, em 1599, viram-se em apuros pela proliferação da peste. As duas cidades foram livres da doença graças à intercessão do povo ao soldado mártir São Sebastião.

O RETRATO DE UM SANTO

A vida dos santos é uma catequese. Além dos ensinamentos que eles nos passam com seus testemunhos de vida, provam-nos que é possível ser santo, que a santidade está ao alcance de todos; basta ambicioná-la. Mesmo tendo sido humanos iguais a nós, sujeitos a todo tipo de falhas, caídas e imperfeições, superaram tudo e avançaram em busca da perfeição. Cultivaram virtudes, eliminaram falhas a todo o momento no caminho da santidade, por meio da fidelidade aos ensinamentos de Jesus Cristo no Evangelho, na obediência à Igreja e nas obras de caridade.

Segundo a tradição secular, Sebastião foi um rapaz de uma beleza física impressionante, que chamava atenção; teria tido imenso sucesso na vida amorosa se tivesse optado por esse estado de vida. Mas, a exemplo de inúmeros santos de sua época, o jovem Sebastião fez opção radical por Jesus, sendo ele o centro e a razão de sua vida. Não se deixou seduzir pela própria beleza física nem pelas ilusões do mundo, pelo contrário, impulsionou-se, ainda mais, para viver com intensidade o Evangelho, seguindo as pegadas dos Apóstolos de Cristo. Para São Sebastião, a maior beleza não era a física, mas a interior; era ter um coração Eucarístico, uma fidelidade à Igreja e aos seus ministros, cultivando um sentimento de generosidade com as obras de misericórdia corporais e espirituais, as quais ele praticou incansavelmente, deixando-nos o exemplo do modo como deve viver e agir um autêntico seguidor de Jesus Cristo.

UM SANTO POPULAR

Com exceção de Jesus Cristo e Nossa Senhora, São Sebastião é, sem dúvida, o santo mais ilustrado nas artes plásticas. Dezenas de artistas quiseram registrá-lo em suas telas, desde os mais famosos até os mais anônimos. Cada um teve sua própria concepção a respeito da imagem do famoso santo mártir de Roma. Também os escultores o modelaram nas estátuas de argila, de gesso, de bronze ou o entalharam nas pedras do mármore.

Mais de trinta pintores famosos gravaram a imagem de São Sebastião em suas telas, entre eles estão: El Greco, Guido Reni, Rafael Sanzio, Caravaggio, Bocelli, Eliseu Visconti, Peter Paul Rubnes, François Xavier Fabre. Os artistas brasileiros, Candido Portinari e Benedito Calixto, também registraram a imagem de São Sebastião em suas telas. As obras de François Xavier Fabre, Guido Reni, Rubens e Giuseppe Giorgetti sejam, talvez, as mais expressivas, pois mostram o sofrimento do santo.

Seus milagres e feitos são cantados nas canções populares; histórias e lendas são passadas de geração em geração se inserindo na cultura brasileira, tanto no folclore quanto na devoção popular. Nas paróquias e comunidades onde ele é o padroeiro, jovens estampam sua imagem em camisetas, bonés e medalhas. São Sebastião continua no topo do sucesso entre os jovens católicos. E, com certeza, há certa identificação deles com o santo, que morreu com apenas 30 anos de idade. Seu exemplo e testemunho de cristão ficaram marcados como um sulco profundo na terra que nem o tempo e a erosão conseguiram apagar. Por isso, São Sebastião continua atual. Mais que a imagem do santo jovem, que aparece flechado em uma árvore, está o cristão forte, destemido, cujo coração sempre bateu forte e se inflamou de amor por Jesus Cristo e pela Igreja. Ele é um modelo para os dias de hoje. Todo santo se reveste da juventude eterna de Deus e exerce um fascínio em seus devotos e admiradores para que imitem seus exemplos. Na Alemanha, ele é tão venerado pelos católicos que existem milhares de "Sebastian" no país.

No Brasil, em Portugal e em outros lugares do mundo, existem inúmeras cidades com seu nome. No estado de São Paulo, além da cidade São Sebastião, no litoral norte, há a cidade Sebastianópolis do Sul, na região de São José do Rio Preto, para diferenciar da cidade de Sebastianópolis no

Rio Grande do Norte. Abaixo a lista das cidades brasileiras que têm o nome do santo:

São Sebastião (SP), São Sebastião (AL), São Sebastião da Amoreira (PR), São Sebastião da Bela Vista (MG), São Sebastião da Boa Vista (PA), São Sebastião da Grama (SP), São Sebastião da Vargem Alegre (MG), São Sebastião de Lagoa de Roça (PB), São Sebastião do Alto (RJ), São Sebastião do Anta (MG), São Sebastião do Caí (RS), São Sebastião do Maranhão (MG), São Sebastião do Oeste (MG), São Sebastião do Paraíso (MG), São Sebastião do Passé (BA), São Sebastião do Rio Preto (MG), São Sebastião do Rio Verde (MG), São Sebastião do Tocantins (TO), São Sebastião do Uatumã (AM) e São Sebastião do Umbuzeiro (PB).

Passaram-se mais de mil e setecentos anos, e São Sebastião continua sendo um santo, cada vez mais, popular. Diria a juventude, um "Santo Top", amado, venerado e invocado pelo povo que lhe tem grande respeito, amor, admiração e devoção.

SÃO SEBASTIÃO NO BRASIL

Devoção trazida pelos portugueses logo após o Descobrimento do Brasil, São Sebastião, em pouco tempo, tornou-se muito popular no meio do povo. Sua fama de protetor contra as doenças epidêmicas o fez um grande intercessor. São Sebastião é um dos santos mais populares do Brasil. Difícil achar uma igreja que não tenha uma imagem dele, uma capelinha, até mesmo uma de beira de estrada, de chão batido, que não tenha, pelo menos, um quadro dele. Pelas mais distantes localidades do sertão brasileiro, mesmo nos casebres mais humildes, sempre existe uma imagenzinha ou um quadro do mártir São Sebastião (com os indígenas catequizados houve certa identificação por causa da sua imagem seminua e com as flechas). Os historiadores dizem que essa devoção foi trazida ao Brasil pelos portugueses, tanto pelo lado religioso quanto por ser uma forma de prestar uma homenagem a Dom Sebastião, rei de Portugal, que era muito querido e amado por seu povo e que morreu muito jovem, em 1578, em uma batalha na África. No entanto, sobre essa homenagem quase ninguém sabe; somente se saberá adentrando nos assuntos mais profundos da história. O fato é que, nesses cinco séculos de brasilidade, São Sebastião, dentro da Igreja Católica do Brasil, sempre foi muito querido, amado e invocado.

Meditando sua vida, vemos que ele continua sendo o advogado diante de Deus, em constante intercessão por seus devotos, e também, o modelo do cristão leigo engajado na Igreja de Cristo.

SÃO SEBASTIÃO DO RIO DE JANEIRO

Segundo um relato antigo, durante a expulsão dos franceses no litoral fluminense, houve uma grande batalha entre os franceses calvinistas e um grupo composto de portugueses, índios e mamelucos que lutavam bravamente no local chamado Canoas. Foi uma grande batalha. Uma lenda dessa época relata que houve diversas testemunhas que viram entre o grupo de brasileiros a figura de São Sebastião, de espada em punho, lutando contra os franceses até expulsá-los. Essa data coincidiu com o dia do santo, festa litúrgica celebrada, pela Igreja, no dia 20 de janeiro. A expulsão dos calvinistas franceses deu a São Sebastião a honra e o mérito de ter lutado com o povo brasileiro, aumentando, ainda mais, a sua popularidade. Esse fato pesou muito e foi fundamental para a nova cidade, tanto que Estácio de Sá, no dia 1° de março de 1565, ao realizar a fundação oficial, deu à cidade o nome de São Sebastião do Rio de Janeiro. Em sua homenagem, ergueu-se, na cidade maravilhosa, uma imponente e moderna catedral. No dia 21 de agosto de 1965, foi inaugurado um belíssimo monumento, esculpido em um bloco de pedra com sete metros de altura, obra do escultor Dante Crocce, e exposto em uma praça. No pedestal da escultura, escrito em relevo, está o texto que relata a "Aparição de São Sebastião no combate de Canoas", cujo fato fez do santo o padroeiro do Rio de Janeiro.

NO LITORAL PAULISTA

No litoral norte do estado de São Paulo, existe uma cidade com o nome de "São Sebastião". Segundo uma crônica do escritor Dr. Manuel Hipólito do Rego, cujo título é "A Lenda no Litoral Paulista", a história, colhida na tradição das pessoas ocorrida no tempo antigo, quando a cidade ainda era conhecida por Vila de São Sebastião, retrata a época em que os piratas estrangeiros viviam navegando pelo mar e vasculhando o litoral brasileiro para invadir e roubar. Personagens como Thomas Cavendish, John Davis, Edward Fenton, Reggewyn, Cook e outros marginais ladravazes conseguiam realizar enormes façanhas. Os piratas, desejando fazer uma invasão na Vila Bela da Princesa, hoje Ilha Bela, por suspeitar que lá houvesse tesouros, e temendo não haver sucesso, enviaram um espião que falava português, que logo fez amizade com o povo. Ciente de que os homens partiam para o trabalho na zona rural na vila e só ficavam as mulheres, crianças e pessoas idosas, eles sabiam que entre os habitantes havia sertanistas valentes. Por isso, resolveram deixar os barcos escondidos e, primeiro, invadir a vila. Quando o vigário viu os piratas em direção à vila, sabendo que estavam desamparados e que seriam massacrados, tocou o sino e chamou a população presente para dentro da igreja; assim começaram a rezar pedindo a proteção de São Sebastião. Enquanto rezavam fervorosamente, o sacerdote levantou seu olhar e, para sua surpresa, a imagem do glorioso soldado mártir não estava mais no altar. Era o sinal de um milagre.

O ataque não aconteceu porque os corsários fugiram o mais rápido que puderam e, tomados de enorme pavor, nunca mais regressaram.

Houve muitas pessoas que relataram ter visto na praia um grande exército de soldados, todos armados de espadas nas mãos, e na frente deles um jovem soldado com a espada levantada e a capa esvoaçando ao vento comandando a defesa da vila. Após a fuga dos piratas, o sacerdote olhou para o altar e a imagem do santo estava lá novamente. Mediante a oração fervorosa do piedoso sacerdote e do povo pedindo proteção, São Sebastião veio com um exército divino e salvou a vila da qual ele é o padroeiro. Não se sabe se é uma lenda ou um fato verídico, mas esse acontecimento até hoje é lembrado e divulgado, e grande é a emoção do povo sebastianense quando a histórica imagem de São Sebastião sai em procissão no dia de sua festa.

IMAGENS

Túmulo de São Sebastião – Roma

Detalhe da Imagem de São Sebastião sobre seu túmulo
(Obra de Giuseppe Giorgetti, Século XVII)

São Sebastião (François Xavier Fabro)

Monumento a São Sebastião no Rio de Janeiro
(Obra de Dante Crocce)

São Sebastião (Guido Reni)

Santa Irene retira as flechas do corpo do santo
(Dirck Van Baburen)

Procissão com a imagem de São Sebastião
no Rio de Janeiro

Detalhe da imagem de São Sebastião
no Rio de Janeiro

O segundo martírio de São Sebastião

São Sebastião flechado (outro detalhe)
(Luigi dei Francesi)

Ainda se conserva uma das flechas que transpassaram o corpo de São Sebastião

Narbona, França – Terra natal de São Sebastião

Narbona, França – Terra Natal de São Sebastião
(outro detalhe)

Catedral de Narbona, França — Terra Natal de São Sebastião

Detalhe do rosto de São Sebastião
(Estátua sobre seu túmulo)

Basílica de São Sebastião, em Roma,
onde se encontra seu túmulo

Túmulo de São Sebastião

II
Devocionário

LADAINHA DE SÃO SEBASTIÃO

Senhor, tende piedade nós.
Senhor, tende piedade nós.
Cristo, tende piedade de nós.
Cristo, tende piedade de nós.
Senhor, tende piedade de nós.
Senhor, tende piedade de nós.
Cristo, ouvi-nos.
Cristo, ouvi-nos.
Cristo, atendei-nos.
Cristo, atendei-nos.
Deus-Pai do céu,
tende piedade de nós.
Deus Filho, Redentor do mundo,
tende piedade de nós.
Deus Espírito Santo,
tende piedade de nós.

Santíssima Trindade, que sois um só Deus,
tende piedade de nós.
Santa Maria, Rainha dos Mártires,
rogai por nós.
São Sebastião, Intrépido Capitão de Jesus Cristo,
Valente defensor da Santa Igreja,
Fiel imitador dos Apóstolos,
Coluna Inabalável do Evangelho,
Invencível atleta da fé Católica,
Morada do Espírito Santo,
Farol da Santa doutrina cristã,
Estrela radiante de sabedoria e humildade,
Protetor contra as guerras,
Radiante luzeiro de justiça e caridade,
Modelo de cristão que trabalha pela Igreja de Cristo,
Guardião perpétuo da juventude,
Modelo de cristão que tem um coração Eucarístico.
Pregador e difusor da Palavra de Deus.
Protetor dos que trabalham nas pastorais eclesiais,
Defensor poderoso contra a fome e as epidemias,
Escudo vitorioso contra os ataques do Inferno,
Esmagador invicto dos inimigos da Fé,
Patrono e modelo dos militares,
Socorro imediato contra as doenças e as calamidades,
Restaurador da paz entre os Homens,
Consolação e esperança dos prisioneiros,
Profeta e Vítima do amor de Jesus Cristo,

Guerreiro defensor de vossos devotos,

Advogado dos desesperados e dos pecadores,

Querubim abrasado de zelo pela glória de Deus,

Porta Estandarte da Cruz,

Servo e mensageiro da Santíssima Trindade,

Príncipe dos mártires militares,

Auxílio urgente e eficaz em nossas necessidades,

São Sebastião, cujo corpo foi dolorosamente transpassado por setas,

São Sebastião, que fostes cruelmente humilhado e açoitado,

São Sebastião, que sofrestes um duplo e heroico martírio,

São Sebastião, que tudo renunciastes para ganhar a Cristo,

São Sebastião, manso como um cordeiro levado ao sacrifício,

São Sebastião, confortado pelos anjos em vosso martírio,

São Sebastião, coroado de incomparável glória no céu,

São Sebastião, admirável Padroeiro do Rio de Janeiro,

São Sebastião, padroeiro de todas as cidades que estão sob a sua proteção.

São Sebastião, intercessor nosso junto ao trono do Altíssimo,

São Sebastião, cuja memória durará por todos os séculos,

São Sebastião honra e glória da Igreja triunfante.

Cordeiro de Deus, que tirais os pecados do mundo,
perdoai-nos Senhor.

Cordeiro de Deus, que tirais os pecados do mundo,
ouvi-nos, Senhor.

Cordeiro de Deus, que tirais os pecados do mundo,
tende piedade de nós.

Rogai por nós, glorioso São Sebastião,
para que sejamos dignos das promessas de Cristo.

Oremos

Deus onipotente e misericordioso, que destes a São Sebastião a graça de superar as dores da tortura do martírio. Concede que, celebrando o dia do vosso triunfo, passemos invictos por entre as ciladas dos inimigos humanos e espirituais, graças à vossa proteção. Por nosso Senhor Jesus Cristo, vosso Filho, na unidade do Espírito Santo. Amém.

NOVENA A SÃO SEBASTIÃO

1º dia
Reflexão: Testemunho de fé

São Sebastião viveu em uma época difícil, de grande perseguição aos cristãos. Muitas pessoas, quando descoberta a identidade de cristão, eram degredadas para outros países distantes; outras eram torturadas, presas e mortas por causa de Jesus Cristo. Era perigoso ser cristão porque estaria correndo o risco de ser descoberto e punido. Mesmo sabendo que corria esse risco, São Sebastião não teve medo; com coragem e bravura, viveu sua fé, circulando nos lugares expostos para poder dar assistência aos irmãos que estavam sofrendo nas prisões. São Sebastião, com seu testemunho de fé, dá-nos um excelente exemplo de fidelidade a Jesus e a sua Igreja.

Oração

Ó glorioso Santo Sebastião, soubeste ser corajoso, vivendo com autenticidade a tua vida cristã em uma época de tantas perseguições, e mesmo assim permaneceste fiel a Deus. Intercede por todos nós que somos hoje Igreja Viva, a fim de alcançarmos a graça de obter uma fé ardente e corajosa para testemunharmos Jesus Cristo ao mundo, em todos os momentos da nossa vida.

Pai-Nosso, Ave-Maria e Glória.

São Sebastião, glorioso guerreiro e mártir, roga por nós, para que sejamos dignos das promessas de Cristo. Amém.

2º dia
Reflexão: Testemunho de caridade

O número de pobres e miseráveis aumentou em Roma porque os cristãos eram espoliados quando era descoberta a sua identidade. Os pagãos lhes tiravam tudo e os deixavam a míngua, passando até fome. Neste momento, entrava a caridade de São Sebastião que saía a socorrer os irmãos necessitados. Usando a sua condição de militar, visitava as prisões levando, ocultamente, alimentos para eles. São Sebastião deu grande testemunho de fé com obras, tal como nos fala o Apóstolo São Tiago em sua epístola. (Cf. São Tiago

2,26). Que seu exemplo nos sirva de grande incentivo a abrir o coração aos necessitados.

Oração
Ó glorioso São Sebastião, que nos deixaste como herança esse belíssimo exemplo de amor, caridade e misericórdia para com o próximo, pedimos tua poderosa intercessão para todos aqueles que sofrem pela falta de justiça e desigualdade social; que teu testemunho de caridade incomode e toque o coração de quem tem muito para ser generoso com aqueles que não tem nada.
Pai-Nosso, Ave-Maria e Glória.
São Sebastião, glorioso guerreiro e mártir, roga por nós, para que sejamos dignos das promessas de Cristo. Amém.

3º dia
Reflexão: Testemunho de fortaleza

São Sebastião foi um militar corajoso e determinado. Não tinha medo de nada; acima do soldado do Imperador, estava o soldado de Cristo. Para defender os fracos e oprimidos, enfrentava tudo sem receio. Confiava no poder de Deus e nas forças que lhe concedia. Andou por lugares perigosos, em meio a pessoas maldosas, para resgatar um cristão em apuros. Apesar das perseguições aos cristãos, ele não se intimidou em esconder sua fé, nem teve reações violentas quando foi preso e sentenciado à morte.

Será que, nos dias de hoje, temos a coragem de testemunhar nossa fé em Cristo e em nossa Igreja? Aprendamos com São Sebastião a sermos soldados de Cristo no mundo materialista em que vivemos. Peçamos sua intercessão para que o Espírito Santo de Deus nos ilumine e nos guie em nossa caminhada.

Oração

São Sebastião, que sempre tiveste caráter forte e pleno de misericórdia para com os menos favorecidos, em nenhum momento de tua vida intimidaste diante das perseguições nem te acovardaste diante dos piores momentos de sofrimento em tua vida. Intercede por nós, a fim de que Deus envie o Espírito Santo sobre nós, para sermos também verdadeiros soldados da milícia de Cristo.

Pai-Nosso, Ave-Maria e Glória.

São Sebastião, glorioso guerreiro e mártir, roga por nós, para que sejamos dignos das promessas de Cristo. Amém.

4⁰ dia
Reflexão: Protetor dos que são perseguidos injustamente

São Sebastião testemunhou a grande perseguição que o Imperador travou contra a Igreja e os cristãos. Deocleciano mandava prendê-los, açoitá-los e matá-los sem piedade. Proibia todo tipo de prática religiosa entre os seguidores de Jesus Cristo que, para terem formação catequética, participar da Santa Missa e receber os sacramentos, tinham que fazê-lo nas catacumbas, que eram cavernas subterrâneas. Os ricos, por sua vez, para se darem bem, obedeciam ao Imperador, adorando os falsos deuses pagãos. Os cristãos, na sua totalidade, eram pobres e humildes, porém abraçavam a fé cristã com amor, firmeza e fidelidade. Foi incalculável o número de cristãos que perderam a vida por causa do Evangelho. Foram mortos, injustamente, por defenderem a verdade. São Sebastião, dentro das suas possibilidades, fez o que pôde para evitar, ou ao menos amenizar, o sofrimento desses irmãos. Peçamos a intercessão de São Sebastião para que acabem as injustiças no mundo e para que Deus venha em socorro dos que sofrem.

Oração

Glorioso São Sebastião, que tantas vezes observaste, com tristeza, o sofrimento e as injustiças cometidas com os mais fracos e desfavorecidos. Sofreste com eles quando os visitaste nas prisões, consolaste-os no desespero da tortura e os confortaste na hora do martírio. Intercede a Deus por aqueles que, nos dias de hoje, mantêm o coração endurecido pela falta de amor ao próximo, pela falta de justiça e pela ausência de misericórdia. Intercede por aqueles que sofrem injustiça por causa de sua cor, de sua raça e de sua condição social. Principalmente, por aqueles que são acusados injustamente por crimes que não cometeram.

Pai-Nosso, Ave-Maria e Glória.

São Sebastião, glorioso guerreiro e mártir, roga por nós, para que sejamos dignos das promessas de Cristo. Amém.

5º dia
Reflexão: Protetor contra a violência

São Sebastião sofreu o martírio duas vezes. Ao ser descoberta a sua identidade de cristão, foi levado para fora da cidade e, em um lugar ermo, desnudaram seu corpo, amarraram-no em uma árvore e o flecharam, deixando-o se esvaindo todo em sangue, ao ponto de crerem que estivesse morto. Ninguém suportaria tamanho suplício.

Pela misericórdia de Deus, foi encontrado quase sem vida e socorrido pela caridade generosa da viúva Santa Irene e de seus empregados que o levaram e o curaram. Depois de recuperado e de ter se apresentado perante o Imperador Diocleciano, aconteceu o seu segundo martírio. Foi morto a cacetadas, da forma mais violenta possível, perante a população de Roma. São Sebastião, hoje no céu, pode ser considerado o defensor e protetor de todos aqueles que são perseguidos, sofrem ameaças e violência. Hoje, em cidades grandes ou pequenas, pessoas sem escrúpulo roubam, violentam, praticam crimes imorais contra crianças, jovens e adultos. Devemos invocar a proteção deste santo forte e guerreiro, que experimentou, na própria carne, a dor da violência. São Sebastião é o nosso grande advogado e intercessor no céu diante do trono de Deus. Peçamos a sua proteção.

Oração

São Sebastião, que sofreste e, por duas vezes, experimentaste, na própria carne, a dor da violência, volve teu olhar para os fracos e oprimidos. Intercede por nós, que vivemos sob a sombra constante do medo. Protege a nossa vida, as nossas casas e os caminhos por onde andamos contra todo tipo de malfeitor. Amém.

Pai-Nosso, Ave-Maria e Glória.

São Sebastião, glorioso guerreiro e mártir, roga por nós, para que sejamos dignos das promessas de Cristo. Amém.

6º dia
Reflexão: Padroeiro da agropecuária

Existe uma devoção secular do homem do campo em pedir a proteção de São Sebastião para sua lavoura e também para seus animais. Existem muitas capelinhas em sítios e fazendas em honra ao santo. Algumas para pedir a proteção, e outras para agradecer as graças alcançadas. Dificilmente, entra-se na casa de um sertanejo, nos mais distantes rincões do Brasil, e não se vê na parede um quadro com a imagem de São Sebastião. Um santo muito querido e amado. Não se sabe a origem dessa devoção do sertanejo com o santo, talvez porque foi flechado em uma árvore próxima a um bosque. Por ocasião de sua festa, em muitos lugares, quando uma doença atinge um rebanho, existe o costume de oferecer bezerros e porcos ao santo, em agradecimento a uma graça alcançada. Também, quando uma praga atinge as plantações, costuma-se oferecer uma porção do cereal a um asilo de anciões ou um orfanato. De qualquer modo, o que consta aqui é a fé e a confiança do homem do campo na intercessão e proteção de São Sebastião. Deus, no seu amor misericordioso de Pai, pode mesmo ter destinado o santo mártir a ser o padroeiro do homem da roça. Rezemos pedindo as suas forças e a sua proteção para aqueles que lavram a terra e criam animais. Peçamos a proteção de São Sebastião contra malfeitores, ladravazes de animais, que hoje lesam e amedrontam o homem do campo.

Oração

São Sebastião, sabemos da bondade com que tratavas e cuidavas dos menos favorecidos. Cuida das pessoas que moram no campo e da terra tiram seu sustento. Protege seus rebanhos contra doenças e suas plantações contra praga de insetos e outras doenças. Que a chuva venha na hora certa. Lembra-te daqueles nossos irmãos que moram em regiões áridas; que eles também possam se beneficiar da chuva. Não permitas que falte o pão na mesa daqueles que ganham o alimento com o suor do próprio rosto.

Pai-nosso, Ave-Maria e Glória.

São Sebastião, glorioso guerreiro e mártir, roga por nós, para que sejamos dignos das promessas de Cristo. Amém.

7º dia
Reflexão: Patrono dos militares

Jovem ainda, Sebastião sentiu-se inclinado para a carreira militar e se alistou no exército do Imperador Diocleciano. Essa era, também, uma forma de ele proteger os cristãos perseguidos e encarcerados. Além de soldado do Imperador, Sebastião era o soldado do exército de Cristo. Corajoso, valente e destemido, exerceu suas obrigações de forma impecável, tanto assim que galgou várias patentes até chegar ao mais alto cargo, como Capitão da Guarda Imperial.

Sebastião era francês, mas foi criado na pátria de sua mãe, portanto abraçou essa nova terra como sua segunda pátria e a ela serviu com respeito e fidelidade. Durante todo o seu trabalho como militar, nunca cometeu nenhum tipo de suborno, corrupção, violência ou injustiça. Foi um soldado modelo, um militar perfeito. E foi esse comportamento que fez dele, até hoje, o patrono dos exércitos de muitos países, inclusive do Brasil. São Sebastião é o patrono dos militares. Peçamos a intercessão de São Sebastião por todos os militares, que, para proteger e defender a vida humana, colocam a própria vida em perigo. Como patrono e protetor, que ele interceda por todos os militares, bombeiros e seguranças, e esteja sempre ao lado deles no dia a dia em defesa da vida.

Oração

São Sebastião, soldado exemplar na fidelidade ao seu trabalho, hoje no céu, como nosso protetor, intercede a Deus por nossa pátria e por todos nós, que em ti depositamos tanta confiança. Estejas ao lado dos soldados do Corpo de Bombeiros, que enfrentam perigos imensos para salvar a vida humana, e também dos soldados e dos seguranças que buscam manter a ordem do bem-estar da coletividade. Intercede por todos nós. Amém.

Pai-nosso, Ave-Maria e Glória.

São Sebastião, glorioso guerreiro e mártir, roga por nós, para que sejamos dignos das promessas de Cristo. Amém.

8º dia
Reflexão: Protetor contra pestes e epidemias

Temos um fato extraordinário acontecido em Roma, quando a peste assolava aquela cidade e as pessoas morriam aos montes. No momento em que transladavam os restos mortais de São Sebastião da sepultura nas Catacumbas para a enorme igreja construída em sua honra, a peste desapareceu. Bastou suas relíquias percorrerem as ruas de Roma para que Deus, em favor da intercessão de seu servo tão fiel, acabasse com aquela terrível epidemia. Por isso, São Sebastião é invocado contra as doenças contagiosas e epidêmicas. Fato extraordinário se vê na vida do santo quando ele socorria os necessitados nas periferias da cidade. Por isso durante as carestias e outros momentos, quando a fome se faz presente, as pessoas também invocam a proteção e a intervenção de São Sebastião em seu favor. São Sebastião também é provedor entre os necessitados, ele é o santo que vem em socorro dos que passam fome. Devemos ter confiança na sua poderosa intercessão junto a Deus. Ele foi um servo fiel, que viveu integralmente os ensinamentos evangélicos de Jesus; por isso Deus não lhe nega nada quando pede em favor de seus devotos. Tenhamos total confiança em Deus, que é Pai pleno de amor e misericórdia, e na poderosa intercessão de São Sebastião. Se temos a possibilidade de partilhar com os outros a nossa generosidade, façamos isso em honra de São Sebastião.

Oração

Deus-Pai, que em tua infinita misericórdia tens atendido aos pedidos de teu servo São Sebastião contra epidemias, pestes e todo tipo de doenças, vem também em nosso socorro contra as guerras e todo tipo de violência, assaltos, roubos, imoralidade e atentados contra a dignidade humana. Protege as crianças que, às vezes, são vítimas de adultos inescrupulosos que as levam para o caminho do abismo e a degradação moral. Atende os nossos pedidos pelos méritos de vida e santidade de teu servo São Sebastião. Amém.

Pai-nosso, Ave-Maria e Glória.

São Sebastião, glorioso guerreiro e mártir, roga por nós, para que sejamos dignos das promessas de Cristo. Amém.

9º dia
Reflexão: Modelo para todos os cristãos

São Sebastião, cuja novena concluímos hoje, dá-nos uma lição com seu exemplo de vida. Foi um ser humano como qualquer um de nós, mas traçou um paradigma de vida com imensa determinação. Com apenas 30 anos, encerrou sua caminhada terrena, atingindo alto grau de santidade. Foi fiel, determinado e cumpridor de todos os seus compromissos como militar a serviço do Imperador Diocleciano. Cristão desacomodado, foi um exemplo do leigo engajado: visitava os leprosos nas cavernas isoladas longe da cidade, levando-lhes sustento sem ter medo de contrair a doença; visitava os encarcerados e lhes levava alimento para o corpo e o alimento da Palavra de Deus para a alma. Também participava, ativamente, da vida da Igreja como missionário anunciando Jesus Cristo e convertendo muitos; foi um catequista por excelência. Socorria os necessitados nos guetos da periferia de Roma distribuindo alimento, vestuário e palavras de ânimo e conforto em gestos generosos de amor. Tinha grande proximidade com o papa São Caio e, dele, recebia muitos conselhos e muitas tarefas pastorais. Participava, ativamente, das missas e de todos os momentos fortes de espiritualidade da Igreja, lá no interior das Catacumbas. Viveu intensamente a sua vida praticando todas as obras de misericórdias corporais e espirituais. São Sebastião nos mostra qual o caminho que ele fez, provando que também o podemos fazer. Ele é o modelo do leigo perfeito, que vive engajado nas pastorais da Igreja. Entre tantas opções mundanas de sua época, que não diferem em nada da época de hoje, ele fez a opção radical por Jesus Cristo. Por isso, São Sebastião é, ainda nos dias de hoje, um exemplo para nós de como deve ser e viver um verdadeiro cristão.

Oração

Senhor, ao encerrarmos esta novena, queremos pedir que infunde em nós as forças do Espírito Santo para que sejamos fortes, corajosos e destemidos, como foi teu servo, São Sebastião. Que saibamos dizer não ao pecado, a toda sedução perversa, que o mundo nos oferece. Faz de nós cristãos inseridos na vida da Igreja, ativos nas pastorais e fervorosos na vida espiritual, por meio da oração diária, da recitação do Rosário de Nossa Senhora, da participação da celebração Eucarística e da leitura da Palavra de Deus na Bíblia. Amém.

Pai-Nosso, Ave-Maria e Glória.

São Sebastião, glorioso guerreiro e mártir, roga, por nós para que sejamos dignos das promessas de Cristo. Amém.

Breve prática devocional em honra de São Sebastião

Glorioso São Sebastião, intercede por nós que, por nossos pecados, não nos atrevemos a apresentar-nos diante de Deus: *Pai-Nosso, Ave-Maria e Glória.*

São Sebastião, roga por nós. Amém.

São Sebastião, roga por nós a Deus, que é Pai de misericórdia, agora que gozas de tua vida na glória celestial: *Pai-Nosso, Ave-Maria e Glória.*

São Sebastião, roga por nós. Amém.

Glorioso São Sebastião, apresenta nossas humildes súplicas, unindo-as às da Imaculada Virgem Maria e às de todos os Santos, para que sejamos ouvidos e possamos dar a todos as graças em nome de Nosso Senhor Jesus Cristo: *Pai-Nosso, Ave-Maria e Glória.*

São Sebastião, roga por nós. Amém.

Oremos

Ó Bem-Aventurado, São Sebastião, soldado mártir, intercede por nós a Nosso Senhor Jesus Cristo, para que sejamos livres de todo tipo de epidemia, de doenças contagiosas e de toda moléstia do corpo e da alma.

P.: Roga por nós, bem-aventurado, São Sebastião.

R.: Para que sejamos dignos das promessas de Cristo. Amém.

Oração a São Sebastião

Glorioso mártir São Sebastião,
soldado de Cristo
e exemplo de cristão,
hoje vimos pedir
a vossa intercessão
junto ao trono do Senhor Jesus,
nosso Salvador,
por quem destes a vida.
Vós, que vivestes a fé
e perseverastes até o fim,
pedi a Jesus por nós
para que sejamos
testemunhas do amor de Deus.
Vós, que esperastes com firmeza
nas palavras de Jesus,
pedi-lhe por nós,
para que aumente

a nossa esperança na ressurreição.
Vós, que vivestes a caridade
para com os irmãos,
pedi a Jesus para que aumente
o nosso amor para com todos.
Enfim, glorioso mártir São Sebastião,
protegei-nos contra a peste,
a fome e a guerra;
defendei as nossas plantações
e os nossos rebanhos,
que são dons de Deus para o nosso bem
e para o bem de todos.
E defendei-nos do pecado,
que é o maior
de todos os males.
Assim seja.

REFERÊNCIA BIBLIOGRÁFICA

NEIVA, Frei Sebastião da Silva, O.F.M. Vida de São Sebastião: o Capitão da Guarda Imperial. Editora Prelúdio, 1959.

ÍNDICE

Apresentação 3

I. São Sebastião: história e devoção 7

A terra natal e a infância 9
A juventude e a carreira militar 11
Capitão da Guarda Imperial 13
Dois irmãos encarcerados 15
Capitão Sebastião, legionário de Cristo 19
O prefeito de Roma se converte ao cristianismo 21
As perseguições continuam 25
Outros mártires testemunham sua fé 27
O trabalho do soldado Sebastião 31
Ser amigo de um santo é tornar-se também um santo 33
Um delator matreiro entra em cena 37
O prefeito se enche de escrúpulo 41

Sebastião se apresenta a Diocleciano....................43
Preso e despojado..47
Salvo pela generosidade de uma santa mulher...............51
Leigo engajado na missão da Igreja.......................53
A última empreitada...57
Herói e santo, termina sua vida terrena..................61
O retrato de um santo..63
Um santo popular...65
São Sebastião no Brasil...69
São Sebastião do Rio de Janeiro.............................71
No litoral paulista...73
Imagens..77

II. Devocionário...87
Ladainha de São Sebastião.....................................89
Novena a São Sebastião..93
Breve prática devocional em honra de
São Sebastião...109
Oração a São Sebastião...111
Referência bibliográfica..113

Este livro foi composto com as famílias tipográficas Segoe e Minion Pro
e impresso em papel Offset 63 g/m^2 pela Gráfica Santuário.